谷原家の
いつもの晩ごはん

Shosuke Tanihara

はじめに

谷原章介です。

レギュラー出演している朝の情報番組の生放送を終えたら、スーパーに行き、その日の晩ごはんに使う食材を調達。帰宅後はメニューによって、お昼頃から下ごしらえを始め、夕方頃から本格的に調理をスタート。大きくなって帰りが以前より遅くなった子どももいますが、基本的には家族みんな揃って「いただきます！」が我が家のお約束。その日にあったことなど、たわいもない会話をしながらワイワイと食卓を囲みます。これが僕にとってのルーティンであり、幸せな時間。

我が家は奥さん、育ち盛りの6人の子ども、父、義母、僕の10人家族。いわゆる、大家族です。そんな谷原家ではいつの頃から、晩ごはん作りは僕の担当になりました。「毎日、大人数の晩ごはんを作るのは大変じゃない？」とよく聞かれますが、僕は子どもの頃から料理が好きなので、苦ではないんです。むしろ、自分の心を整える、心のもやもやをリセットする大事な作業。

もちろん、子どもたちにおいしくごはんを食べてほしい。楽しい食卓の思い出を記憶に刻んでほしい。親としてなら当たり前の想いも、料理の原動力になっていると思います。

料理は食材の切り方次第で味わいが変わったり、鶏肉ひとつでもももも肉か胸肉かで火の入れ方も変わってきます。これらは料理番組を担当させてもらったご縁などで出会ったさまざまなシェフや料理家の方々から教えていただいたこと。食に関する雑誌や書籍、

動画などから情報を得るのも好きです。これまで少しずつ自分の中に蓄積してきた料理のノウハウを活かしながら、家族においしいごはんを！と思いながらキッチンに立っているわけですが、ときにはうっかりハプニングも。例えば、子どもたちにアツアツの焼きたてを出そうと魚焼きグリルに鯵の干物をセッティングしておいたのに、生のまま放置。食後、「あー、忘れた!!」と落胆することだってあります。

作家さんの器も大好きでいろいろ集めていますが、毎日の晩ごはん作りでは「今日はどの器に盛り付けようかな〜?」と優雅に悩んでいる暇はなく、大皿にドーン！　餃子も1回に80個以上包むので、大忙し。

リアルなごはん作りは"常に美しく！"とはいきませんが、これぞ我が家の日常であり、愛しい時間です。

この本にはそんな嘘のない、谷原家のいつもの晩ごはんのレシピを集めました。僕なりの工夫をプラスして、意外な食材を組み合わせたりもしていますが、我が家では至ってふつうの晩ごはんメニューです。でも、どれも家族が大好きなものばかり！

我が家のレシピがみなさんの楽しい食卓作りの一助になれたら──。そんな願いを込めて、今晩も僕はキッチンに立ちたいと思います。

器は作家さんの窯元や
蚤の市などで出会った
お気に入りばかり。

Contents

PART1

谷原家スタメン入りの
最愛リピートごはんベスト10　6

我が家はニラよりこっち派!「ねぎ餃子」　8
焼き魚の翌日は「大人チャーハン」がお約束!　10
鍋レパートリーのダントツ人気は「みぞれ豚しゃぶ」　12
「さつまいもとかぼちゃの天ぷら」この2種でOK!　14
「ピーマンの肉詰め」は2段階焼きでおいしさ倍増!　16
家族平和な中辛レベルの「バターチキンカレー」　18
パスタは「カルボナーラ」がぶっちぎりの人気!　20
作り置きの"トマトストック"さえあれば「ナポリタン」も「オムライス」も自在!　22

Shosuke's report
子どもたちに緊張が走る「塩おでん」　24
長年の研究の末にたどり着いた「究極の憧れ牛丼」　25

PART2

大家族なもので
我が家は鶏肉の消費量が
ハンパないんです!　26

好みがバラバラでもこれは全員大好き!「鶏のパリパリ焼き」　28
「チキンカツ」は"ちょい寝かせ"でサックサクに!　30
中華気分なら「ニラ海苔ささみの油そば」
　　&「鶏ワンタンスープ」の定食はどうですか?　32
甘辛よりさっぱり味のほうが人気!「塩すだちの手羽先」　34
ちょっとのアレンジで見違える!「鶏団子」5段活用　36

Arrange1 「焼き鳥つくね」　36
Arrange2 「鶏団子入りのすいとん」　38
Arrange3 「鶏団子バーグ」　38
Arrange4 「鶏団子とかぼちゃの煮物」　39
Arrange5 「鶏団子の甘酢あん」　39

★COLUMN1
「ソースはできるだけ手作りします」
・タルタルソース　40
・ねぎしょうがダレ　41

こんなに優雅な
お茶タイム、料理中は
なかなか挟めません

PART3

子どもたちはとにかく"茶色"に目がないんです！ 42

長女の大好物といって真っ先に思い浮かぶのは「回鍋肉」 44
ちょっとがっかりですが「フライドポテト」が一番人気！ 46
子どもはラーメン、大人はおつまみ「週末チャーシュー」 48
「焼きシュウマイ」は変わり種の投入でマンネリ打破！ 50
「しょうが焼き」はお肉のとろみと玉ねぎのシャキッのギャップ命！ 52
特急料理「鶏そぼろの2色丼」は付け合わせで品よく！ 54
揚げものフリークの子どもたちはペロリ！「フィッシュフライ」 56
「タコライス」は少しずつ大人味にアップグレード中！ 58

Shosuke's report
チーズが決め手の「煮込みミートボール」 60
僕にとっては懐かしの味「スパゲッティミートグラタン」 61

【本書に掲載のレシピについて】

僕は10人分（奥さん、6人の子どもたち、父、義母、僕）の料理を作っていますが、みなさんの使い勝手を考え、今回は4人分の材料にしています。レシピによっては人数分より多いものもありますが、たくさん作ったほうがおいしいものやまとめて作ったほうがラクなものもあるので、お許しください。大さじ1は15ml、小さじ1は5ml、1カップは200mlです。電子レンジは500Wを基本にしています。オーブンは電気オーブンを基準として、温度や時間を設定しています。焼き時間は目安ですので、機種によって加減してください。「適量」はちょうど良い分量ということです。野菜などは「洗う」「むく」などの作業はすませてからの手順となります。

PART4

女性陣のハートをキャッチ！
ササっともう一品ヘルシーおかず 62

「かぶのサラダ」は奥さん＆次女が推してくれています 64
韓国料理好きの奥さんが喜ぶ「ゴッチョリ風サラダ」 66
「トマトのフレンチサラダ」はみんなワシワシ食べてくれます 68
ひと手間で家族を唸らせる「自家製ツナサラダ」 70
家庭内ブーム誕生！「クレソンとささみのハニーマスタード」 72
長女は「南蛮漬け」の野菜ばっかり食べるんです 74
さっぱり部門で不動の人気！「梅の和えもの」 76
「イカの塩炒め」は奥さんのテンションが上がります 77

食べ応え満点で男性陣にも人気の「ひき肉のサラダ」 78
「ラタトゥイユ」は夏になると必ず作る谷原家の定番 79

★COLUMN2
「なるべく旬を意識しています」
・タコともずくのしゃぶしゃぶ・蒸しとうもろこし 80
・寒ブリと里芋の煮物・ロール春キャベツ 80

PART5

大家族だからこそ、ハレの日は賑やかパーティー！ 81

Shosuke's report
あの手この手でお寿司を楽しんでいます！ 82
"丸い茶色"はとにかく大量生産！ 84
お弁当はおにぎり＆サンドイッチのW派！ 85
ピザは子どもたちと一緒に作ると楽しいんです！ 86

特別な日には豪快＆ゴージャスにやったります！ 87
"まるでお店"な焼き鳥パーティーも好評です！ 88
リクエスト制でケーキも手作りしますよ！ 89

★COLUMN3
「谷原家の晩ごはんを支える名選手たちをご紹介」 90

PART1

谷原家スタメン入りの
最愛リピートごはん

ベスト10

　今回どんなメニューをみなさんへご紹介しようか悩みに悩みました。というのも、人気のランキングは日々変わっていきます。昔はオムライスがトップでしたが、そこへタコライスが登場。そして、鶏の照り焼き、唐揚げ、ステーキ、フィッシュフライなど、子どもたちは成長とともに味覚も育ち、僕も一緒に成長してきました。

　僕は家族が好きなものを作って、お皿がきれいに空になることが理想です。ただ、子どもたちが足りないと嫌なので、その塩梅《あんばい》が難しいです。定番メニューも少しずつアレンジして"よりおいしい"を目指します。人気だから作るもの、冷蔵庫のお掃除で作るもの、僕が好きだから作るものなどさまざまですが、ここにあげた料理は2023年現在のラインナップ。ここから家族の成長とともにレギュラーがどう変化していくのか楽しみです。いつかおでんでもトップ3を狙って家族を喜ばせてやりますよ。

Hello!

我が家はニラより こっち派! 「ねぎ餃子」

たまたまニラがないときに、冷蔵庫にあった万能ねぎを入れたら、「あれ! おいしいぞ」と新たな出会いが。それ以来、我が家では万能ねぎをはじめ、長ねぎや九条ねぎなど、"ねぎ"をたっぷりと! 一度に80個は作るので、包むときは家族に手伝ってもらうことも。

材料 | 4人分

豚ひき肉…250g
白菜…300g
万能ねぎ…1〜2束
しょうが…1片
塩…小さじ1/2

【調味料】
★ 鶏がらスープの素…小さじ1/2
★ しょうゆ…大さじ1と1/2
★ オイスターソース…小さじ2
★ 紹興酒…大さじ2
★ ごま油…大さじ1と1/2
餃子の皮(大判)…約30枚
ごま油…適量
お好みで酢、しょうゆなど…各適量

下ごしらえ

＊ 白菜、しょうがはみじん切りに、
　万能ねぎは小口切りにする。
＊ 白菜はボウルに入れて、塩を振っ
　て置いておく。

作り方

1 ボウルに豚ひき肉と★の調味料を入れてよく練り合わせる。

2 白菜から水が出てきたらさらし(または布巾)などに包んで、水気を絞る。

3 **1**の肉だねに**2**、しょうが、万能ねぎを加えて混ぜる。

4 餃子の皮で**3**を包む。

5 フライパンを温めごま油をひいて、**4**の餃子を並べて中火で焼く。

6 ひとつ裏返して軽く焼き色がついたら、餃子の1/3〜1/2の高さくらいまでのお湯を注いで蓋をし、強火で蒸し焼きにする。

7 水分がなくなったら蓋を取り、ごま油を回し入れてパリッと焼き目がつくまで焼く。お好みで酢、しょうゆなどで食べる。

memo

たねの具材の水分を皮のフチにつけて包むと、水っぽさ防止に。

材料 | 4人分

焼き鮭…2切れ

ちりめんじゃこ…大さじ2

小松菜…2株

にんじん…1/3本

長ねぎ…1/2本

しょうが…1片

ごはん…800g

卵…6個

ごま油…大さじ2

鶏がらスープの素（顆粒）…大さじ1

塩…少々

しょうゆ…小さじ2

焼き海苔…適量

下ごしらえ

＊ 小松菜は葉の部分を2cmの長さに、茎の部分を1cmの長さに切る。にんじんは5mm角、長ねぎとしょうがはみじん切りにする。

＊ 鮭は骨を取り、ほぐす。卵は溶きほぐしておく。

作り方

1 フライパンを温めごま油を入れて、にんじん、しょうが、鮭、ちりめんじゃこを炒める。

2 火を止めてフライパンに卵を回し入れ、ごはんを加える。ごはんに卵をコーティングするように混ぜる。

3 再び火をつけ、小松菜と長ねぎを加えて炒め、鶏がらスープの素、塩で調味する。

4 香りづけのしょうゆを回し入れ、炒め合わせる。

5 皿に盛り付け、ちぎった焼き海苔をたっぷりのせる。

焼き魚の翌日は「大人チャーハン」がお約束！

休日のお昼ごはんによく登場するチャーハンは、冷蔵庫の片付けに絶好。我が家では焼き鮭やじゃこを入れて大人味に仕上げることが多いです。具材の大きさや組み合わせで新しい発見もあります。残りものとはいえ、野菜もたっぷりで栄養面もフォローします！

鍋レパートリーの
ダントツ人気は
「みぞれ豚しゃぶ」

定番の「豚しゃぶ」は特に次男のお気に入りです。夏でも卓上コンロを出し、家族でワイワイやることがあります。次女は鬼おろしでおろした大根おろしが好きなので、ピーラー大根と一緒にたっぷりIN。あっさりした味わいなので、ごま油＋塩で食べるのもおすすめです。

memo

加熱した大根おろしは辛味が軽減し、子どもでも食べやすいんです。

材料｜4人分

豚バラしゃぶしゃぶ用肉…600g
レタス…2個
大根…1/2本
水…1500㎖
酒…50㎖
昆布…10g
花かつお…20g
ポン酢、柚子胡椒、一味唐辛子など
　…各適量
ごま油、塩…各適量

作り方

1 鍋に水、酒、昆布を入れて30分以上置く。

2 昆布が戻ったら火をつけて、泡が立ってきたら沸騰する前に昆布を取り出す。

3 沸騰したら花かつおを入れて1分ほど煮たら火を止め、沈むまで置いておく。

4 3を濾して鍋に入れる。だし汁を温め豚肉やレタスや大根をしゃぶしゃぶする。

5 お好みでポン酢に柚子胡椒や一味唐辛子を合わせて食べたり、ごま油と塩で食べたりする。

下ごしらえ

＊ 豚肉は食べやすい大きさに切り、レタスは大きめにちぎる。大根は半分をピーラーで薄く切り、半分を鬼おろしですりおろす。

材料 | 4人分

さつまいも…500g（約2本）

かぼちゃ…500g（約1/4個）

薄力粉（まぶし用）…適量

【天ぷら衣】

★ 薄力粉…2カップ（200〜220g）

★ 溶き卵…1個分

★ 冷水…400㎖

揚げ油…適量

【天つゆ】

▲ 白だし…50㎖

▲ 水…200㎖

しょうが…2片

塩…適量

下ごしらえ

＊ さつまいもは皮ごと7〜8㎜の厚さに、かぼちゃは種を取って、7〜8㎜の厚さに切る。しょうがはすりおろす。

＊ 揚げ油を170度くらいまで温める。

作り方

1 小鍋に▲の白だしと水を入れて一煮立ちさせ、冷ましておく。

2 ボウルに★の卵と冷水を入れて混ぜ、薄力粉を入れて混ぜる。そのとき、混ぜすぎないように注意。

3 さつまいもとかぼちゃに薄力粉（まぶし用）をまぶしつけ、**2**にくぐらせる。170度くらいの揚げ油で3分くらいを目安に揚げる。

4 お好みで**1**とおろししょうがや塩で食べる。

「さつまいもとかぼちゃの天ぷら」この2種でOK！

僕が結婚前からお世話になっているお蕎麦屋さんに今は家族で通っています。いつも天ぷらを添えてくださるのですが、いつからか子どもの好きなさつまいもとかぼちゃに。それが我が家でも定番となりました。コツは食材に薄力粉をはたくことと、衣には冷水を使うこと！

「ピーマンの肉詰め」は2段階焼きでおいしさ倍増!

子どもたちの不人気野菜の定番であるピーマンもこれならバクバク食べてくれます。我が家は最初にフライパンで肉を焼き付けてから、オーブンで焼くスタイル。この一手間で肉だねとピーマンが離れづらくなります。オーブンがなければフライパンに蓋をして調理してもOKです。じっくり焼くことで旨味たっぷり!

材料 | 4人分

ピーマン…8個
玉ねぎ…1/2個
しょうが…5g
薄力粉（まぶし用）…大さじ1
豚ひき肉…400g
★ 塩…小さじ1/3
★ 鶏がらスープの素（顆粒）
　　　…小さじ1
★ ナツメグ…少々
薄力粉（ピーマン用）…適量
サラダ油…小さじ2
【ソース】
ケチャップ、中濃ソース…各大さじ2
お好みで辛子…適量

下ごしらえ

* ピーマンは縦半分に切り、種とヘタを取る。玉ねぎ、しょうがはみじん切りにする。
* オーブンは200度で余熱を入れておく。
* ケチャップと中濃ソースは合わせて混ぜる。オーブンの天板に残った脂を加えて加熱すると、さらにおいしい。

作り方

1 ボウルに豚ひき肉と★の材料を入れて粘りが出るまでよく練る。

2 玉ねぎとしょうがを合わせ、薄力粉（まぶし用）をまぶして1に加えて混ぜる。16等分に分けておく。

3 ピーマンの内側に茶漉しなどで薄力粉（ピーマン用）を振る。

4 ピーマンに1の肉だねをしっかり詰める。

5 温めたフライパンにサラダ油をひき、肉の面を下にして中火で1分ほど焼く。

6 オーブンシートをしいた天板に5を並べ、オーブンで20分ほど焼き、ソースとお好みで辛子を添える。

memo

余分な薄力粉をハケで落とすと、肉だねが剥がれにくくなります。

家族平和な 中辛レベルの 「バターチキンカレー」

本当は辛いカレーが作りたい。かれこれ15年ほど思い続けてきましたが、子どもたちの成長とともに最近少し辛くすることができるようになってきました。とはいえ、"中辛"で平和をキープ中。自分のカレーにだけ、一味唐辛子とラー油をかけるのです。

材料 | 4人分

鶏もも肉…2枚
玉ねぎ…1個（約200g）

【漬け込みダレ】
★ にんにく、しょうが…各2片
★ 塩…小さじ1/3
★ カレー粉、カレーフレーク
　　…各大さじ1
★ プレーンヨーグルト…200g
バター…40g
ホールトマト缶…1缶
コンソメ（顆粒）…小さじ2
生クリーム…100mℓ
しょうゆ…小さじ1〜2

下ごしらえ

＊ 鶏もも肉は一口大に、玉ねぎは粗みじん切りにする。にんにくとしょうがはすりおろす。

作り方

1 ポリ袋に鶏もも肉と★の材料を入れて揉み込み、最低30分は置く。

2 鍋にバターの半量（20g）を入れて中火で玉ねぎを炒める。

3 玉ねぎがしっとりとしたら、**1**を漬け込みダレごと加えて軽く炒める。

4 ホールトマトを手でつぶして加え、コンソメを入れて軽く混ぜて蓋をし、中火で15分、ときどき混ぜながら煮る。

5 生クリームと残りのバター（20g）を入れて混ぜて味見をし、しょうゆ（必要であれば塩少々も）を加えてひと混ぜする。

※さつまいも好きの我が家では、電子レンジで加熱しソテーしたさつまいもを加えることも。お好みでお試しください。

スパゲッティ…320g

ベーコン（ブロック）…200g

玉ねぎ…1/2個

オリーブオイル…大さじ1と1/2

にんにく…2片

【卵液】

★ 卵（全卵）…4個

★ 生クリーム…200㎖

★ パルメザンチーズ…60g

塩、ブラックペッパー…各適量

memo

余熱で仕上げると、ダマなしのクリーミーなソースが完成します。

下ごしらえ

＊ ベーコンは1cmくらいの棒状に切り、玉ねぎは薄切り、にんにくは粗みじんに切る。

＊ ボウルに★を入れて混ぜ合わせ卵液を作っておく。

作り方

1 スパゲッティは塩（分量外）を入れたお湯で表示より1分短めに茹でる。

2 フライパンににんにくとオリーブオイルを温め、香りが出てきたら玉ねぎとベーコンをじっくり炒める。

3 2にスパゲッティの茹で汁をお玉1杯分くらい入れ、よく混ぜて乳化させ、茹で上がったスパゲッティを入れる。

4 火を止めて濡れ布巾などの上でフライパンの熱を取ってから、卵液を加えて混ぜ、余熱でとろりとするまで混ぜる。塩で味を調え、皿に盛り付け、ブラックペッパーを振る。

パスタは「カルボナーラ」がぶっちぎりの人気！

特に三男が好きなメニューで、週末の昼はよく「今日はカルボナーラ？」と聞いてきます。多めに作っても足りなくなることが多く、別のパスタを一緒に出してもそちらは余るのです。P90で紹介のパルメザンチーズを思いきり使うことがおいしさの秘訣です。

トマトストックは密閉
袋に入れて冷凍すると
旨味が損なわれません。

作り置きの"トマトストック"さえあれば
「ナポリタン」も「オムライス」も自在！

洋食店の取材で"素"の存在を知り、「これは使えるぞ！」と（ここでは"トマトストック"と命名）。特に長男は小さい頃からオムライスが大好きですが、これさえ作っておけばナポリタンもオムライスもあっという間です。僕の場合はウインナーを入れて旨味をプラスしています。

ナポリタン

材料｜作りやすい分量

- 玉ねぎ…1個
- ウインナー…1袋
- ピーマン…2個
- にんじん…1/2本
- にんにく…2片

トマトストック

- オリーブオイル…適量
- トマトケチャップ…大さじ5
- ★ ホールトマト缶…1缶
- ★ 酒…大さじ3
- ★ コンソメ（顆粒）…小さじ2
- ★ 中濃ソース…大さじ2
- ★ 砂糖…小さじ1
- ★ 塩…少々

スパゲッティ…360g

パルメザンチーズ…適量

塩…適量

下ごしらえ

＊ 玉ねぎは薄切りにし、にんにくはみじん切りにする。ピーマンは縦半分に切ってから種とヘタを取り、横に1cm幅に切る。にんじんはみじん切りにし、ウインナーは1cm幅の斜め切りにする。

作り方

1 フライパンにオリーブオイルをひき、にんにくとウインナーを弱火で炒める。

2 ウインナーから脂が出てきたら玉ねぎ、にんじんとピーマンを加えてさらに炒める。

3 ★の材料を入れてから、ケチャップで味を調える。煮立ったら弱火にして全体的にぽってりとするまで煮詰める（多めに作って冷凍ストックしてもOK）。

4 スパゲッティを表示どおり茹で、茹で上がったら3に加えて炒め合わせる。味を見て塩を加えて調整する。

5 皿に盛り付けてパルメザンチーズをかける。

memo

皿をフライパンに
かぶせ、豪快にひ
っくり返し、後か
ら形を整えます。

谷原家スタメン入りの最愛リピートごはんベスト10

｜大きいオムライス2つ分　※人数分を作るのは大変なので、ビッグサイズをシェアします。

トマトストック…300g

卵…8個

ごはん…600g

ピーマン…2個

にんじん…80g

ナス…2本

鶏もも肉…1枚

オリーブオイル…大さじ1

塩、ケチャップ…各適量

バター…40g

下ごしらえ

＊ ピーマンはヘタと種を取り、5mm角に切る。にんじんも同様に切る。ナスはヘタを取って1cm角に、鶏もも肉は1.5〜2cmくらいに切る。

＊ ボウルに卵を割りほぐし、塩（少々）を加えて混ぜておく。

作り方

1 フライパンにオリーブオイルをひき、鶏もも肉を炒める。鶏もも肉の色が変わってきたら、にんじん、ナス、ピーマンも加えて炒め軽く塩を振る。

2 **1**にトマトストックを入れて炒め、ごはんも加えて炒め合わせる。

3 別のフライパンに半量のバターを溶かし、卵（半量）を流し入れて箸でかき混ぜながら火を入れる。

4 半熟になったら火を止めてフライパンを濡れた布巾の上に置き、**2**のチキンライスの半量を卵の上にのせて卵で包む。

5 皿の上にそっと取り出し、キッチンペーパーなどで形を整える。ケチャップをかける。同様に卵を作って、もう1個作る。

子どもたちに
緊張が走る
「塩おでん」

数日煮込んで味が染み込んだおでんは、お酒のアテにも最高です！　でも、一度作ると数日は食卓にのぼるので、晩ごはんがおでんと知った子どもたちの間には妙な緊張と落胆が（笑）。

材料 | 4人分

【だし】

水…1800㎖

あごだしパック…3〜4パック

★酒…100㎖

★みりん…大さじ4

★塩…小さじ2

【おでんだね】

大根…1/2本

こんにゃく…1枚

結び白滝…4個

もち巾着…4個

茹で卵…4個

ちくわ…2本

ちくわぶ…2本

お好みでごぼう巻、野菜天、
　　つみれなど…各適量

下ごしらえ

＊ 大根は2.5㎝くらいの厚さに切り、厚めに皮をむく。断面片側に1㎝くらいの深さに十字に切れ目を入れる。鍋に大根とかぶるくらいの米の研ぎ汁（なければ水と大さじ1程度の生米）を入れ大根に竹串がスッと入るまで下茹でする。

＊ こんにゃく、ちくわ、ちくわぶは食べやすい大きさに切る。結び白滝と一緒にボウルなどに入れ、塩（小さじ1くらい）を揉み込み、熱湯で2〜3分茹でる。

作り方

1 鍋に水とあごだしパックを入れて沸騰したら2〜3分煮出して、パックを取り出す。

2 ★の材料を入れて混ぜ、おでんだねを入れ、沸騰したら弱火にして煮る。

※ 入れるおでんだねによって、だしの味が変わってきます。味見をして調味料の量を調整するようにしましょう。

長年の研究の末に
たどり着いた
「究極の憧れ牛丼」

本当に僕は100年以上の歴史を誇る
あの牛丼が大好きです。あの独特のコ
クを出すため、試行錯誤して今の形に。
ポイントはいかに肉を固くしないかです
が、ここに至るまで何度ボソボソな牛
丼を家族に食べさせたか。

材料 | 4人分

牛バラスライス…500g
玉ねぎ…1個
しょうが…1片

【だし汁】

水…600㎖
だしパック（かつおなど）…1パック

【煮汁】

★ 白ワイン（甘めのもの）…大さじ5
★ みりん…大さじ4
★ 砂糖…大さじ1
★ しょうゆ…大さじ5
ごはん…4人分
お好みで紅しょうが…適宜

下ごしらえ

＊ 鍋にだし汁の材料を入れて、中火で2～3分煮出して
だしを取っておく。

＊ 玉ねぎは繊維を断ち切る方向に1cm幅に、牛バラ肉
はそのままか、10cmくらいの長さに切る。しょうがは
つぶしておく。

作り方

1 鍋にだし汁と★を入れて火にかけ、砂糖が溶けた
ら牛バラ肉を入れて軽く煮てアクを取る。

2 牛バラ肉に火が通ったらいったん取り出し、玉ね
ぎを加えて弱めの中火で20分くらいを目安に煮る。

3 火を止めて牛バラ肉を戻し入れ、冷ます（冷めてい
く工程で肉に味を入れていく）。

4 器にごはんを盛り、温めた**3**をかけ、お好みで紅
しょうがを添える。紅しょうがはたっぷりめがおす
すめですが、お好みで。

　みなさんは"肉"といったら、何が好きですか？　谷原家は
断然、"鶏肉"です。それにはいくつかの理由があって、まず
はリーズナブルということ。我が家では肉・魚などは基本的に
kg単位で使いますが、鶏肉はたんぱく質が豊富なうえにおい
しくて、アレンジが利く。これはもう欠かすことができないのです。

　2つめに、子どもたちみんなが鶏肉好きなこと。脂っこい料
理が苦手な次男も、思春期で肉をあまり食べない次女も鶏肉
ならいけます。すごいぞ、鶏肉パワー。

　3つめはうちの奥さん。少し胃腸が弱いので、いろんな本
を読んで僕なりにたどり着いた答えが鶏肉と魚が良さそうだと
いうこと。ますますやめられません。

　ちなみに鶏肉は、筋切りなどの下処理を丁寧に行うだけで、
おいしさが格段にアップします。そんなポイントを踏まえ、さ
まざまなレシピをご紹介していますので、鶏肉好きな人はぜひ
お試しくださいね。

So good!

大家族なもので
我が家は
鶏肉の消費量が
ハンパないんです！

好みがバラバラでも これは全員大好き！ 「鶏のパリパリ焼き」

鶏肉は筋切りをすることで身が反らず、フライパンに密着して焼けるため、パリパリ食感の皮に！　しかも、重しをして焼くよりもふっくらジューシーに仕上がります。これが上手にできると香草パン粉焼きやカットしてサラダにするなど引き出しが増えますよ。

材料｜4人分

鶏もも肉…4枚
塩…適量（鶏もも肉の重量の1%）
サラダ油…小さじ2
自家製ねぎしょうがダレ
　　　…適量（作り方はP41を参照）

下ごしらえ

＊ 鶏もも肉は厚いところに包丁を入れて、厚みを揃えておく。

作り方

1　鶏もも肉に塩を振る。

2　フライパンにサラダ油を入れて火をつけ、鶏もも肉の皮は下にしておく。弱めの中火で3〜5分じっくりと焼く。

3　皮目にこんがりと焼き色がついてパリッと焼けたら、ひっくり返してさらに3〜4分焼く。その際、余分な油をキッチンペーパーなどで拭き取る。

4　食べやすい大きさに切り、皿に盛り付けてねぎしょうがダレをかける。

memo

皮から出た油を拭き取ると、仕上がりが脂っぽくなるのを防げます。

「チキンカツ」は
"ちょい寝かせ"で
サックサクに！

チキンカツに限らず、とんかつや魚介フライなどは、衣付けをして20分ほど休ませることで衣が剥がれにくくなり、サックサクの揚げ上がりを実現できます。休ませている間に他の料理もできて一石二鳥。ポン酢＋大根おろしもいいですが、ぜひ自家製タルタルソースでご賞味あれ！

材料 | 4人分

鶏もも肉…2枚

【漬け込みダレ】

★ しょうゆ…大さじ2

★ 砂糖…大さじ1

★ 酒…大さじ1

★ にんにく、しょうが…各1/2片

自家製タルタルソース

　　…適量（作り方はP40を参照）

【バッター液】

▲牛乳または水…大さじ2

▲卵…1個

▲小麦粉…大さじ3

パン粉…適量

揚げ油…適量

下ごしらえ

＊ 鶏もも肉は一口大に切っておく。★のにんにくとしょうがはすりおろす。

＊ ▲を合わせて混ぜバッター液を作っておく。漬け込みダレの★を合わせて混ぜておく。

作り方

1 ビニール袋に鶏もも肉と合わせた★を入れ、30分つけておく。

2 1の水気をキッチンペーパーなどで拭き取り、合わせたバッター液にくぐらせ、パン粉をまぶしつけて冷蔵庫で20分ほど休ませる。

3 180度の揚げ油で揚げて、皿に盛り付け、タルタルソースをかける。

鶏ワンタンスープ

材料 | 4人分

鶏ひき肉（もも）…100g

ニラ…1/2束

春雨…50g

★塩…少々

★酒…大さじ1

★しょうが…小さじ2

ワンタンの皮…約20枚

水…800㎖

鶏がらスープの素（顆粒）…小さじ2

塩…小さじ1/2

しょうゆ…大さじ1

下ごしらえ

＊ ニラは1cm幅に、★のしょうがはみじん切りにする。

作り方

1 ボウルに鶏ひき肉と★を入れてよく練る。ワンタンの皮で包む。

2 鍋に水と鶏がらスープの素を入れ、**1**を茹でる。春雨を加えて3分ほど煮る。

3 ニラを加えて軽く温め、塩、しょうゆを入れて調整する。

中華気分なら「ニラ海苔ささみの油そば」＆「鶏ワンタンスープ」の定食はどうですか？

子どもの給食がない土曜日は麺メニューが定番です。油そばで使う中華蒸し麺、今回はお気に入りの製麺所のもの（P91）を使用しましたが、どんな中華蒸し麺でもOK。香味野菜に熱したごま油をかけたときのスペクタクルをぜひ体験してほしいです。油そばには、子どもたちも大好きな義母の鶏ワンタンスープが好相性。

memo

熱したごま油をかけると、湯気やニラの香りが一気に広がります。

麺と具材、タレをよく和えて。三位一体になると、おいしさがアップ！

ニラ海苔ささみの油そば

材料｜4人分

鶏ささみ…4本
ニラ…1/2束
小ねぎ…1/2束
スプラウト…1パック
貝割れ大根…1パック
中華蒸し麺…4玉
水（ささみを茹でる用）…500㎖
酒…大さじ1

【タレ】
★ ラード…大さじ1
★ しょうゆ…大さじ3と1/2
★ オイスターソース…大さじ2
★ にんにく…2片
焼き海苔、白髪ねぎ…各適量
ごま油…適量

下ごしらえ

＊ ニラは5㎜幅に、小ねぎは小口切りにし、スプラウトと貝割れ大根は根元を切り落とす。
＊ ★のにんにくはすりおろし、他のタレの材料と合わせて混ぜておく。

作り方

1 鍋に水と酒を入れて沸騰したら鶏ささみを入れて火を止め、蓋をして冷ます。冷めたら水気を拭き取り、裂いておく。

2 中華麺は袋の端を少し切り、電子レンジで3分加熱してほぐす。合わせた★を全体に絡める。

3 皿に麺を盛り付け、ニラ、小ねぎ、スプラウト、貝割れ大根、鶏ささみ、ちぎった焼き海苔、白髪ねぎをのせる。

4 フライパンで熱したごま油を回しかける。お好みで、酢（分量外）をかけても良い。

甘辛より
さっぱり味のほうが人気！
「塩すだちの手羽先」

とってもシンプルな料理だけに、ひとつひとつの下処理が大切です。骨と骨の間に包丁を入れると食べやすくなり、揚げる前に冷蔵庫で1時間ほど休ませて皮面の水分を飛ばします。さらに油に入れる直前に余分な水分を拭き取れば完璧！　パリッとした仕上がりに。

材料 | 4人分

鶏手羽先…12本
塩…小さじ1
揚げ油…適量
すだち…2個

作り方

1 鶏手羽先は先を切り落としたら、火の通りと骨からの肉離れを良くするために、手羽中の上下ともに2本の骨の間に切れ目を入れる。切り落とした先の部分は捨てずにお好みでスープなどに使う。余分な水気をキッチンペーパーなどで拭き取り、バットに並べ（ラップはしない）、冷蔵庫で1時間くらい置く。

2 キッチンペーパーなどで再び水分を拭き取ってから、170度の揚げ油でこんがりと色がつくくらい、5〜6分を目安に揚げる。

3 横に半分に切ったすだちを添え、塩を振る。

memo

たねがゆるくなる前に手早く成形。
柔らかい場合は一度冷蔵庫へ。

ちょっとのアレンジで
見違える!
「鶏団子」5段活用

どんな料理にも使える万能な鶏ひき肉は、シンプルな鶏団子レシピを持っておくと便利。さらにこの基本の鶏団子のアレンジパターンもストックしておけば、子どもは喜ぶし、料理がラクになりますよ。ここでは、鶏団子を使った谷原家の5段活用レシピをお披露目!

Arrange1 「焼き鳥つくね」

休みの日、お酒片手に作る焼き鳥は、僕の密かな楽しみ。仲良しの焼き鳥屋さんにヒントをいただきました。竹製の平串に刺すと、食べやすいうえにお店のような雰囲気に。

材料 | 4人分

たね {
基本の鶏団子の {
- 鶏ひき肉（もも）…500g
- しょうが…15g
- 片栗粉…大さじ1
- 塩…小さじ1/2
}
}

【タレ】
- ★ しょうゆ…大さじ3
- ★ 酒…大さじ3
- ★ 砂糖…小さじ1
- ★ みりん…大さじ3
- サラダ油…適量

下ごしらえ

* しょうがはみじん切りにして、片栗粉をまぶしておく。
* ★の材料を混ぜてタレを作っておく。

作り方

1 ボウルに鶏ひき肉と塩を入れてよく練る。片栗粉をまぶしたしょうがを加えて、粘りが出るまでよく練る。

2 冷蔵庫で30分ほど冷やしてから、**1** を8等分に分け、棒状に成形し串に刺す。

3 フライパンを温めサラダ油をひき、**2** を中火で両面焼く。

4 タレを入れてよく絡める。

Arrange2 「鶏団子入りのすいとん」

家族よりも僕が好きなメニューのひとつ。酸辣湯（サンラータン）や麻婆など、何でも受け止めてくれるのが
すいとんのいいところ。発酵が不要なのでお手軽に作ることができるのもおすすめです。

下ごしらえ

＊ しいたけは石づきを取り、5mm厚さにスライスする。
　　小松菜は3cmのざく切りにする。
＊ 卵は割りほぐしておく。

材料｜4人分

基本の鶏団子のたね
　　…200g
★ 味噌…小さじ2
★ ごま油…小さじ1
★ 白ごま…大さじ2
しいたけ…4個
小松菜…2株
卵…3個

【すいとん】
▲ 薄力粉…200g
▲ 塩…少々
▲ 水…100mℓ
だし汁…1000mℓ
● 酒…大さじ1と1/2
● みりん…大さじ1/2
● しょうゆ…大さじ1
● 塩…小さじ1/2
水溶き片栗粉…適量

作り方

1 ボウルに基本の鶏団子のたねと★の材料を入れて
よく練る。
2 すいとんの材料▲を混ぜ合わせる。
3 鍋にだし汁を温め、沸騰したら弱火にして1のたね
を丸めて入れる。
4 アクを取り、しいたけと小松菜を加えて煮る。
5 2のすいとんの生地を手で適当に形を作って入れ
5分ほど煮る。
6 ●の調味料を入れて味を調え、水溶き片栗粉を加
えてとろみをつける。火を強火にし、溶き卵を入れ
る。

Arrange3 「鶏団子バーグ」

あっさりとして大人も食べやすいです。あんかけの照り焼き風タレなら、他の和食とも相性
バッチリ。できたてはもちろん、冷めてもおいしいから、お弁当のおかずにも重宝します。

下ごしらえ

＊ 玉ねぎはみじん切りにし、片栗粉をまぶしておく。

材料｜4人分

基本の鶏団子のたね
　　…400g
玉ねぎ…1/2個
片栗粉…大さじ1
★ 卵…1個
★ 鶏がらスープの素（顆粒）
　　…小さじ1
★ 塩…少々
★ ごま油…小さじ2
サラダ油…大さじ1

【タレ】
▲ しょうゆ…大さじ2
▲ みりん…大さじ1
▲ 砂糖…大さじ1
▲ 酒…大さじ2
水溶き片栗粉…適量

作り方

1 ボウルに基本の鶏団子のたねと★の材料を入れて
よく練る。
2 1に玉ねぎを加えてさらに混ぜ、8〜12等分に分け
て丸める。
3 フライパンを温めサラダ油をひき、2を中火で両面
焼く。
4 鶏団子に竹串などを刺し、火が通ったことが確認
できたら、▲のタレの材料を加えて絡める。
5 水溶き片栗粉を加えてとろみをつける。

Arrange4 「鶏団子とかぼちゃの煮物」

子どもたちがみんな離乳食でかぼちゃを食べていたこともあり、離乳食を終え、一般食になったときによく作った思い出の味です。これを作ると子どもたちの成長を感じますね。

下ごしらえ

* かぼちゃは種を取り、やや小さめの一口大に切る。
* ★の卵は溶きほぐしておく。

材料 | 4人分

基本の鶏団子のたね
　…300g
★ 卵…1個
★ 味噌…小さじ2
★ 鶏がらスープの素（顆粒）
　…小さじ1
★ 白ごま…大さじ1
かぼちゃ…400g

だし汁…600㎖
▲ 酒…大さじ1と1/2
▲ みりん…大さじ2
▲ 砂糖…大さじ1
▲ しょうゆ…大さじ1と1/2
水溶き片栗粉…適量

作り方

1 ボウルに基本の鶏団子のたねと★の材料を入れてよく練る。
2 鍋にだし汁を入れて温め、1のたねを丸めて煮る。鶏団子に火が通ったら取り出し、器に盛る。
3 鍋に▲の材料を入れ、かぼちゃを加える。煮立ったら弱火にして落とし蓋をし、かぼちゃが柔らかくなるまで15分くらいを目安に煮る。
4 かぼちゃが柔らかくなったら、かぼちゃを取り出し器に盛る。残った煮汁を半量くらいになるまで煮詰める。
5 水溶き片栗粉を加えてとろみをつけ、鶏団子とかぼちゃにかける。

Arrange5 「鶏団子の甘酢あん」

素揚げをすることで旨味を閉じ込め、形が崩れるのを防ぎ、さらにタレの絡みがよくなります。中華は間違いないですね。子どもはもちろん、甘酢あんは奥さんもお気に入り。

下ごしらえ

* ナスはヘタを取って乱切りにし、水にさらしておく。ピーマンはヘタと種を取って乱切りにする。にんにく、しょうがはみじん切りにする。
* 甘酢あんの★の材料を混ぜ合わせておく。

材料 | 4人分

基本の鶏団子のたね
　…300g
ナス…4本
ピーマン…4個
にんにく、しょうが
　…各1/2片
ごま油…大さじ1
揚げ油…適量

【甘酢あん】
★ ケチャップ…大さじ3
★ 酢…大さじ3
★ 砂糖…大さじ2
★ しょうゆ…大さじ1
★ 鶏がらスープの素
　…小さじ1
水溶き片栗粉…適量

作り方

1 基本の鶏団子のたねは小さく丸めておく。
2 180度に温めた揚げ油で1の鶏団子を揚げる。続いて、ナスとピーマンを揚げる。
3 温めたフライパンにごま油をひき、にんにくとしょうがを入れて炒める。2を戻し入れて炒め合わせる。なじんだら、合わせた★を入れて絡める。
4 水溶き片栗粉を入れてとろみをつける。

しつこすぎない味わいだから、たっぷりかけても OK

タルタルソース

チキンカツなど揚げ物には必須。最初はピクルスもディルも子どもたちはNGでしたが、成長のおかげで最近は入れられるように。玉ねぎはレンチンして辛味をオフするのがコツ。

材料 | 作りやすい分量

玉ねぎ…1/4個
きゅうりのピクルス…50g
ディルやパセリなどのハーブ
　…適宜
茹で卵…2個
マヨネーズ…大さじ3
塩、こしょう…各少々

下ごしらえ

＊ 玉ねぎとピクルスはみじん切りにし、茹で卵は粗みじんに切っておく。

作り方

1 玉ねぎを耐熱皿に広げラップをして電子レンジで1分加熱し、冷ましておく。

2 ボウルに**1**とピクルス、茹で卵を加え、マヨネーズを入れて混ぜる。ハーブをちぎって加え、塩、こしょうで味を調整する。

ソースは脇役ながらも、料理のおいしさを格上げする重要な存在。手作りなら、使う材料もわかって安心ですよね。

材料｜作りやすい分量

長ねぎ…1/2本
しょうが…1片
鶏がらスープの素…小さじ1
ごま油…大さじ2

ねぎしょうがダレ

長男と大人な味つけが好きな三男に支持を得ています。ねぎ、しょうが、ごま油の食欲をそそる香りと、たっぷりの旨味で、鶏のパリパリ焼きや蒸し鶏とも相性がいいです。

下ごしらえ

＊ 長ねぎはみじん切りにし、しょうがはすりおろす。

作り方

1 ボウルに全ての材料を入れて混ぜ合わせる。鶏がらスープの素がしっかり溶けるまで、混ぜる。

鶏がらスープの素のおかげで旨味も塩気も完璧に

PART3

子どもたちは
とにかく "茶色" に
目がないんです！

It's easy!

　子どもって何で"茶色"が好きなんですかね。僕の子ども時代を振り返ると、脂っこいものが苦手だったせいか、あまり好んだ記憶はないので不思議です。とはいえ、香ばしいしょうゆの香りや焼き目のついた肉、油でこんがり揚がった衣……、確かに"茶色"はとても魅力的なのかもしれません。

　特に子どもたちの大好物・フライドポテトは、薄力粉をまぶしたり、二度揚げしたり、ちょっとした手間で格段においしくなります。子どもたちは僕がそんな手間をかけていることを知りませんが、空になったお皿を見られたらそれでOK。

　僕が"茶色"メニューを作るとき、同時にいかに野菜を食べてもらうかを考えます。次男は野菜を食べてくれないので、PART4のように焼いたり肉をのせたり工夫しますし、大人向けのあっさりメニューも作ります。そうこうしているとつい品数が増えてしまいます。

New taste!

長女の大好物といって
真っ先に思い浮かぶのは
「回鍋肉」
ホイコーロー

濃厚な味つけを好む長女がリクエストしてくるほど好きなメニュー。豆豉を使って本格的なのもいいですが、僕は赤味噌を使うと日本人の舌により合う気がしています。強火で炒め、キャベツとピーマンはほぼ生のシャキシャキ感を残すのがおいしさの決め手。

トウチ

材料 | 4人分

豚バラスライス肉…300g

キャベツ…1/2個（500g）

ピーマン…3個

にんにく、しょうが…各1片

ごま油…大さじ2

豆板醤…小さじ1/2

★ 赤味噌、合わせ味噌…各大さじ1

★ 甜麺醤…大さじ1/2
テンメンジャン

★ 砂糖…大さじ1

★ しょうゆ…大さじ1/2

★ オイスターソース…大さじ1/2

★ 酒…大さじ2

下ごしらえ

＊ 豚バラ肉は3等分に切る。キャベツはざく切りにし、ピーマンはヘタと種を取り、乱切りにする。にんにくは薄切りにし、しょうがはすりおろす。

＊ ★の調味料を合わせて混ぜておく。

作り方

1 フライパンにごま油とにんにく、しょうが、豆板醤を入れて弱火で炒め、香りが出てきたら中火にして豚バラ肉を炒める。

2 豚バラ肉の色が変わってきたら、キャベツ、ピーマンを加えて強火にして炒め、軽く火が入ってきたら、合わせた★を入れて炒め合わせる。

45

ちょっとがっかりですが「フライドポテト」が一番人気！

ちょっとどころか実は本当に悔しいです。栄養バランスや手間をかけた他の料理よりも圧倒的な人気。ただ、好みがバラバラの子どもたちが全員好きなのはうれしいこと。揚げたてホクホクはたまりませんよね。ケチャップはもちろん、粒マスタードやトリュフ塩も最近のブーム。

材料｜4人分

じゃがいも（お好みの品種）…4〜5個
薄力粉…大さじ4〜5
揚げ油…適量
塩、ケチャップなど…各適量

作り方

1 じゃがいもはよく洗って、皮付きのままくし切りにして15分ほど水にさらす。
揚げ油を150〜160度に温める。

2 1の水を切り、水分を適度に取る。しっかり取りすぎてしまうと、薄力粉がまぶしつかなくなるので注意。

3 2に薄力粉をまぶしつけ、150〜160度の揚げ油で4〜5分揚げる。

4 一度取り出し30分ほど休ませ、揚げ油の温度を190度くらいまで上げて、1〜2分くらい二度揚げする。

5 お好みで塩、ケチャップなどで食べる。

memo

一度揚げはポテトが半透明色になったときが、取り出すタイミング。

30分ほど休ませ、高温で二度揚げ。空気に触れさせると、カリカリに。

子どもはラーメン、
大人はおつまみ
「週末チャーシュー」

休日に登場率の高い麺。ときには〝竹岡式ラーメン〟に
も挑戦します。そんなラーメンに必要なのが甘ったるく
なく、スッキリした味のこのチャーシュー。豚肉を冷ま
したときにできるラードは油そばやチャーハンに活用し、
残った煮汁はラーメンのスープに入れて使い切り！

材料 | 1本分

豚バラブロック…500〜600g

【煮汁】

★ しょうゆ…500㎖

★ 酒…150㎖

★ しょうが…1片

★ 長ねぎの青い部分…1本分

長ねぎ（トッピング用）…1本

辛子…適量

作り方

1 鍋に★と豚バラ肉を入れて火にかけ沸騰した
ら、弱火で50〜60分ほど煮る。

2 柔らかくなったらそのまま冷ます。

3 お好みの厚さに切り分け、皿に盛り付け、水
気を切った長ねぎをのせる。ねぎと一緒に食
べたり、辛子をつけたりして食べる。

下ごしらえ

＊ 長ねぎは青い部分と白い部分に
分けて切る。青い部分はそのまま
チャーシューの煮汁に、白い部
分は斜め薄切りにして水にさらす。
煮汁のしょうがはスライスする。

材料	4人分（30個）

豚ひき肉…400g

玉ねぎ…200g

しょうが…1片

片栗粉…大さじ2

★ ごま油…大さじ1

★ 塩…小さじ1

★ 鶏がらスープの素（顆粒）

　　…小さじ2

★ しょうゆ…小さじ1

★ 紹興酒…大さじ1

シュウマイの皮…約30枚

キムチ…100g

ピザ用シュレッドチーズ…40gくらい

サラダ油…大さじ1

ごま油…少々

酢、しょうゆ（食べる時用）…各適量

下ごしらえ

＊ 玉ねぎは粗みじん切りにし、しょうがはすりおろす。キムチは粗みじん切りにする。

＊ ★の材料を混ぜ合わせる。

作り方

1 切った玉ねぎに片栗粉をまぶす。

2 ボウルに豚ひき肉、しょうが、合わせた★を入れて粘りが出るまでよく練る。

3 **2**に**1**を入れ、玉ねぎをつぶさないように混ぜる。

4 **3**の肉だねを半分に分ける。半分はそのまま皮で包む。残りの半分には、キムチとシュレッドチーズを混ぜ、皮で包む。

5 フライパンにサラダ油をひき、シュウマイを並べて中火にかける。軽く焼き色が薄くついたら、お湯（100〜150mlくらい）を入れて蓋をして3分くらい蒸し焼きにする。

6 シュウマイに火が通ったら水分を飛ばし、ごま油を回し入れてこんがりと焼き色がつくまで焼く。フライパンに皿をかぶせてフライパンごとひっくり返して盛る。酢、しょうゆで食べる。

memo

焼くことで、蒸したときには味わえない香ばしい焼き目が出現。

「焼きシュウマイ」は変わり種の投入でマンネリ打破！

シュウマイ弁当がソウルフード・横浜出身の僕にとって、餃子は人気なのに、シュウマイは苦手という子どもたちの意識をなんとか変えたかったんです。そこで餃子のように焼いてみたら、瞬く間に大人気！　最近では変わり種も作り、さらに人気爆上がりです。

「しょうが焼き」はお肉のとろみと玉ねぎのシャキッのギャップ命！

いろいろな作り方を試しましたが、とろみをつけたこちらのバージョンが子どもたちの支持を集め、我が家で定番化。豚肉を揉み込み、さらに片栗粉入りのタレで味つけすると、時間が経っても柔らかです。本当はキャベツも添えたいのですが、食べないので別盛りに……。

材料 | 4人分

豚肩ロース薄切り肉…500g
玉ねぎ…1/2個
【下味】
★ 酒…大さじ1
★ しょうゆ…大さじ1/2
★ 砂糖…小さじ1
【しょうがダレ】
▲ しょうが…2片
▲ しょうゆ…大さじ2
▲ 酒…大さじ2
▲ 砂糖…大さじ1
▲ みりん…大さじ1
▲ 片栗粉…小さじ1
サラダ油…適量

下ごしらえ

＊ 玉ねぎは繊維方向に1cm幅に切る。▲のしょうがはすりおろし、他の調味料と混ぜておく。

作り方

1 豚肉に★の下味の調味料を入れて揉み、10分ほど置く。

2 フライパンにサラダ油を温め、中火くらいで**1**を焼いて一度取り出す。

3 **2**のフライパンに玉ねぎをしき詰め、**2**の豚肉を広げて蓋をして弱火で蒸し焼きにする。

4 豚肉に火が通ったら、しょうがダレを回しかけ炒め合わせる。

特急料理「鶏そぼろの2色丼」は
付け合わせで品よく！

仕込んでおけば食べるときに盛るだけなので、忙しい日に最適です。個人的にはそぼろのしょうがは強めに効かせるのが好き。彩りや栄養面も考えて甘めの炒り卵、さやえんどうもプラスできれば、上品な丼が完成。紅しょうがや刻み海苔はお好みでどうぞ。

材料 | 4人分

鶏ももひき肉…200g

しょうが…15g

★ しょうゆ…大さじ3

★ 砂糖…大さじ3

★ みりん…大さじ1

★ 酒…大さじ1

卵…2個

▲ 砂糖…小さじ1

▲ 塩…少々

サラダ油…少々

さやえんどう…少々

ごはん…4人分

作り方

1 鍋に★の調味料と鶏ももひき肉としょうがを入れて混ぜる。

2 **1**の鍋を中火にかけ、菜箸を4本くらいまとめて持って混ぜながら火を通す。鶏ももひき肉がぽろぽろになり、汁気がなくなってきたら火を止める。

3 小さな容器に卵と▲を入れて混ぜる。

4 フライパンに中火でサラダ油を温め、**3**を入れて混ぜ、卵のそぼろを作る。

5 器にごはんを盛り、**2**と**4**をのせる。さやえんどうを飾る。

下ごしらえ

* しょうがはみじん切りにする。

* さやえんどうはさっと茹でて、千切りにしておく。

材料 | 4人分

鮭…2切れ

鯖（他の魚でも可）…半身

塩…適量

薄力粉（まぶし用）…適量

パン粉…適量

揚げ油…適量

【バッター液】

★ 卵…1個

★ 薄力粉…大さじ4

★ 水…30㎖

自家製タルタルソース…P40参照

下ごしらえ

＊ 魚は骨などを取り、一口大に切る。

＊ ★の材料を合わせて混ぜ、バッター液を作っておく。

作り方

1 魚をバットなどに並べ塩を振って、10分ほど置く。

2 1の水気をキッチンペーパーなどで拭き、ラップをせずに冷蔵庫に入れて15分乾かす。

3 2に薄力粉を薄くまぶしつけ、バッター液→パン粉の順にまぶしつける。そのまま冷蔵庫で15分休ませる。

4 170〜180度の揚げ油で揚げる。自家製タルタルソースで食べる。

揚げものフリークの子どもたちはペロリ！「フィッシュフライ」

魚が苦手な子もフライなら食べてくれるので面白いですね。食べやすいよう、小骨を取って一口サイズにするのがポイント。タルタルソースも欠かせません。衣付けで余ったパン粉は翌日のハンバーグなどに使い、無駄なく使い切るのもマイルールです。

PART4

女性陣のハートを
キャッチ！
ササっともう一品
ヘルシーおかず

材料 | 4人分

かぶ（葉付き）…3個
ブロッコリー…1/3個
カリフラワー…1/3個
アンチョビ（フィレ）…4枚
にんにく…1/2片
オリーブオイル…適量
レモン…適量

【ドレッシング】

★ オリーブオイル…大さじ1
★ 砂糖…小さじ1
★ 粗挽きブラックペッパー…少々
★ 塩…少々
★ レモン汁…小さじ1
★ 白ワインビネガー…小さじ1

下ごしらえ

＊ かぶは付け根の部分で切り落とし、よく洗って皮ごと8mmくらいの輪切りにする。葉は3cmの長さに切る。ブロッコリーとカリフラワーは小房に分け、にんにくはみじん切りにする。

作り方

1 フライパンにオリーブオイル（大さじ1くらい）を温め、中火でかぶ、ブロッコリー、カリフラワーを焼く。

2 野菜に火が通り焼き色がついたらフライパンの端に寄せ、オリーブオイルを足して（大さじ2くらい）アンチョビ、にんにくを入れ、アンチョビをつぶしながら炒める。

3 アンチョビがほぐれたら全体を混ぜ合わせる。

4 かぶの葉はボウルに入れて、★の材料を順に加えてその都度よく混ぜる。皿に**3**の野菜と一緒に盛り付け、くし切りにしたレモンを添える。

「かぶのサラダ」は奥さん＆次女が推してくれています

栄養豊富なかぶを葉まで丸ごと使ったホットサラダ。ブロッコリーとカリフラワーもプラスし、"ヘルシーにお腹いっぱい"を叶えました。野菜の歯応えを残すため、火を入れすぎず少し焼き目がつく程度でOK。レモン汁やビネガーで程よく爽やかな味わいです。

韓国料理好きの
奥さんが喜ぶ
「ゴッチョリ風サラダ」

「ゴッチョリ」とは、韓国の浅漬けキムチや生の葉野菜などをヤンニョムで和えたもの。我が家は白菜でゴッチョリ風サラダを作りますが、韓国料理好きな奥さんに大好評です。白菜の軸のシャキシャキ食感とみずみずしさ、甘辛い味つけで、箸が止まりませんから！

"無限白菜"を楽しめる、たった5分で完成のお手軽サラダ！

[材料｜4人分]

白菜…5枚
★ コチュジャン…大さじ2
★ 砂糖…小さじ2
★ 酢…大さじ1
★ しょうゆ…大さじ1/2
★ ごま油…大さじ1/2
★ にんにく、しょうが…各1/2片
★ いりごま（白）…大さじ1
韓国海苔…適量

[下ごしらえ]

＊ 白菜は葉と軸の部分に分ける。軸の部分は1cm幅に、葉の部分はざく切りにする。にんにくはすりおろし、しょうがは粗みじん切りにする。

[作り方]

1 ボウルに★の材料を入れて混ぜる。

2 1のボウルに白菜を加えて和える。崩した韓国海苔をのせる。

酸味がキツすぎないから、子どもでもおいしく食べられる!

「トマトのフレンチサラダ」は
みんなワシワシ
食べてくれます

これは長男が大好きなサラダ。美肌効果や疲労回復効果が
得られるトマトを1人1個使用。「そんなに食べられる？」とい
う声が聞こえてきそうですが、心配無用です。玉ねぎ入りの
フレンチドレッシングをかければ、ペロリですよ。玉ねぎは
レンチン後に水気を絞ることで、水っぽさ防止に。

材料｜4人分

トマト…4個
玉ねぎ…1/3個
砂糖…小さじ1
【ドレッシング】
★ オリーブオイル…大さじ2
★ 白ワインビネガー（酢でも可）
　　…大さじ1
★ フレンチマスタード…小さじ1
★ 塩、こしょう…各少々

下ごしらえ

＊ 玉ねぎはみじん切りにし、トマトはヘタを取って、
　くし切りにする。

作り方

1 玉ねぎは耐熱皿に入れて砂糖をまぶす。ラップをし、電子レンジで1分加熱して冷ます。粗熱が取れたら、さらしや布巾などに包み水気を絞る。

2 ボウルに★の材料を入れてよく混ぜ、**1**を加えて混ぜる。

3 皿にトマトを盛り付け、**2**のドレッシングをかける。

［材料｜4人分］

カツオ（生）の刺身（柵／背側）
　　…300g
塩…小さじ2/3
★ オリーブオイル…大さじ5
★ ディル…2〜3枝
★ ローズマリー…1枝
★ セージ…1枝
★ にんにく、しょうが…各1片
★ 塩…3g（カツオの重量の1%）
お好みのレタス、ルッコラなどの葉野菜
　　…適量
あればブラックオリーブ（種なし）
　　…10粒
【ドレッシング】
▲ オリーブオイル…大さじ2
▲ 白ワインビネガー（酢でも可）
　　…大さじ1
▲ フレンチマスタード…小さじ1
▲ 新しょうが甘酢漬け（市販）…30g
▲ 塩、こしょう…各少々

［下ごしらえ］

＊ にんにくとしょうがはスライスする。ドレッシングの新しょうが甘酢漬けはみじん切りにし、ブラックオリーブは輪切りにする。

［作り方］

1 カツオに塩を振り、10分ほど置く。水分が出てきたら水気をキッチンペーパーなどで拭く。

2 保存袋に★の材料を入れ、1を入れてなるべく空気が入らないようにして閉じる。

3 鍋にお湯を沸かし沸騰したら、保存袋が鍋底に触れて破れてしまわないように鍋底にお皿をしき、中火にして2を入れて15〜20分茹でる。

4 カツオに火が通っていたら取り出して冷まし、粗くほぐす。

5 4に▲を加えて和える。

6 皿に好みの野菜をしき、5をのせる。ブラックオリーブを散らす。

ひと手間で
家族を唸らせる
「自家製ツナサラダ」

我が家は人数も多いですし、高級ツナ缶って高いじゃないですか（笑）。これはカツオが安く出回る旬の時期に、柵で買ってよく作るメニューです。ハーブを効かせると贅沢な味わいになりますし、初ガツオと戻りガツオの味の違いで季節を感じることもできるので、手間でも手作りを推奨します。

ドレッシングに入れたシャキシャキ食感の新しょうがもアクセント！

はちみつの甘みがクレソンの辛味や苦味とよくマッチ!

【材料｜4人分】

鶏ささみ…3本
クレソン…4束
酒…大さじ1
【ドレッシング】
★ 粒マスタード…大さじ1
★ オリーブオイル…大さじ1
★ はちみつ…大さじ1
★ 酢…大さじ1
★ 塩、しょうゆ…各少々

【下ごしらえ】

＊ 鶏ささみは筋を取っておく。クレソンはざく切りにする。

【作り方】

1 鍋にお湯を沸かして沸騰したら酒と鶏ささみを入れる。再び沸騰したら火を止め、蓋をして10分ほど置く。

2 ボウルに★を合わせて混ぜる。

3 鶏ささみ肉を取り出し、粗熱が取れたらほぐす。クレソンと一緒に**2**に入れて和える。

家庭内ブーム誕生！「クレソンとささみのハニーマスタード」

ステーキの付け合わせなどのクレソン、実は僕も苦手だったんです。それがとあるビストロでこのメニューを食べてからトリコに。家に帰ってすぐに真似をして誕生したレシピです。クレソンの辛味や苦味も和らぐので、サラダ好きの子はムシャムシャ食べてくれます。

長女は「南蛮漬け」の
野菜ばっかり食べるんです

魚で、酸っぱくて、野菜もとれる。これは完全に奥さん
向けです。豆アジの処理は少々面倒でも、一度にたっ
ぷり作れば、3〜4日は持つ便利おかず。定番の玉ねぎ
とにんじんにプラスし、しょうがも投入。揚げたての豆
アジを南蛮酢に漬けるときのジュッて音が大好きです。

材料 | 4人分

豆アジ…12〜16尾
塩…少々
片栗粉…適量
揚げ油…適量
【南蛮酢】
★ だし汁…200㎖
★ 酢…150㎖
★ しょうゆ…大さじ4
★ 酒…大さじ2
★ みりん…大さじ5
★ 塩…少々
玉ねぎ…1個
にんじん…1/3本
しょうが…20g

下ごしらえ

＊ 豆アジはさばいて腹わたを出して掃除する。
＊ 玉ねぎは薄切りに、にんじんとしょうがは千切
りにする。

作り方

1 豆アジは塩を振って片栗粉をまぶしつける。

2 漬ける容器に玉ねぎ、にんじん、しょうがを
入れる。

3 鍋に★の材料を入れて温める。煮立ったら、**2**
に熱いうちにかける。

4 野菜がしんなりとしたら一度取り出す。

5 160度の揚げ油で**1**をじっくり揚げ、揚げた
てを**4**に入れる。

6 **5**に野菜を戻し入れ、お好みの漬け具合で食
べる。

薄付きの衣の豆アジは柔らかく、だし汁を加えた南蛮酢は柔らかな酸味！

食感が残るように硬めに茹でるのがおいしさ上昇のカギ

梅の和えものはかぶや小松菜、セリなどで作るのが定番ですが、一押しはブロッコリー。鰹節を入れて和えることで、梅としょうがを余すことなくキャッチし、さらにブロッコリーに絡みつく！我が家では、あと一品足りないというときの定番です。

さっぱり部門で 不動の人気！ 「梅の和えもの」

材料 | 4人分

ブロッコリー…1個
鰹節…10g
梅干し…4個
★ しょうが…1片
★ しょうゆ…少々

下ごしらえ

＊ ブロッコリーは小房に分けて、しょうがはすりおろす。

作り方

1 ブロッコリーはお湯に塩（分量外）を入れて2〜3分茹でる。

2 梅干しは種を取って叩き、★と合わせる

3 水気を切った**1**と**2**、鰹節を合わせて和える。

[材料] 4人分

イカ…200g

パプリカ（黄）…1個

キクラゲ（乾燥）…10g

しょうが…1片

ごま油…大さじ1

塩…適量

ライム（すだちなどの他の柑橘でも可）
　　…適量

[下ごしらえ]

＊ イカは斜め格子に切れ目を入れて、短冊に切る。
　 パプリカは乱切り、しょうがは千切りにする。

＊ キクラゲはお湯で戻し、大きければ半分に切る。

[作り方]

1 フライパンにしょうがとごま油を入れて温め、
　 パプリカ、イカ、キクラゲを炒める。

2 塩を振って味を調え、皿に盛り付ける。くし
　 切りにしたライムをギュッと絞って食べる。

「イカの塩炒め」は奥さんのテンションが上がります

イカ好きな奥さんのお気に入りがこちら。小気味良い歯触りのイカ、コリコリ食感のキクラゲ、シャキシャキとしたパプリカを塩で炒めています。食べる前にライムをギュッと絞ることで、爽やかさがぐんとアップ！　イカはモンゴウイカでも小ヤリイカでも。

歯応えも彩りも楽しい、さっぱりテイストのヘルシー炒め！

材料｜4人分

豚ひき肉（合びき肉でも可）
　…400g
にんにく…1片
レタス…1/2個
焼き海苔…1/2枚
オリーブオイル…小さじ2
★ ナンプラー…大さじ1と1/2
★ 砂糖…小さじ2
★ オイスターソース…大さじ1/2
レモン…適量

下ごしらえ

＊ にんにくはすりおろす。

作り方

1 フライパンににんにくとオリーブオイルを入れて中火で豚ひき肉を炒める。

2 豚ひき肉の色が変わったら、にんにくと★の調味料を入れて炒め合わせる。

3 ちぎったレタスを皿に盛り、**2**をのせる。ちぎった焼き海苔をのせ、くし切りにしたレモンを添える。

焼き海苔をトッピングして、ほんのり和風の香りもプラス！

食べ応え満点で男性陣にも人気の「ひき肉のサラダ」

肉を入れることで、満足感が一気に増すので、サラダ好きの奥さんはもちろん、男性陣にも根強い人気です。ナンプラーとレモンでエスニック風なテイストも感じられるので、暑い夏にもぴったり。水でさらした紫玉ねぎの薄切りなんかを入れても良いかもしれませんね。

「ラタトゥイユは野菜のジャム」とは、ル・マンジュ・トゥーの谷シェフの言葉です。目からウロコでした。いかに旨味を足すのかではなく、いかに野菜本来のおいしさを引き出すのかが大事なんですね。シンプルな味つけで飽きのこない味わいに仕上げるのがポイントです。

ズッキーニやナスのジューシー感がたまらない！

「ラタトゥイユ」は 夏になると必ず作る 谷原家の定番

材料 | 4人分

ズッキーニ…1本
ナス…3本
パプリカ (赤／黄) …各1個
玉ねぎ…1個
にんにく…2片
オリーブオイル…大さじ2
ホールトマト缶…1缶
塩、こしょう…各適量

下ごしらえ

＊ ズッキーニとナスは2cmくらいの輪切り (大きいものなら半月切り)にし、パプリカと玉ねぎは2cm角に切る。にんにくは皮ごとつぶす。

作り方

1 鍋にオリーブオイルとにんにくを入れて弱火で炒め、香りが出てきたら、玉ねぎ、パプリカ、ズッキーニ、ナスの順に炒める。

2 野菜がしっとりとしてきたら、ホールトマトを手でつぶし入れて強火にする。煮立ったら弱火にし、蓋をして10分くらい煮る。

3 野菜に火が通ったら、野菜を器に盛り付ける。残った汁を煮詰めて、半分くらいになったら、塩、こしょうを加えて味を調整する。

4 トマトソースを野菜にかけて絡める。

旬の食材はおいしい、栄養価が高い、リーズナブルの三拍子揃い。
日本の四季を感じるのにも最適だから、できるだけ取り入れたいんです。

タコともずくのしゃぶしゃぶ

こちらは愛知県で食べて感動して以来、我が家でも作るように。夏の時期は水ダコを使い、もずく、たっぷりの薬味＆かぼすなどの柑橘で味わいます。他の海藻を足してもOK。定番の豚しゃぶに飽きたり、タコ好きな人はぜひトライしてみてほしいです！

蒸しとうもろこし

旬を意識した食卓を心がけている我が家。夏はとうもろこしがよく登場します。ごはんに入れて炊いたり、天ぷらにするのももちろんおいしいですが、とれたてを皮つきのままシンプルに蒸しあげるのが一番人気。皮つきで蒸すことで香りがぐんと良くなります。

寒ブリと里芋の煮物

魚の煮付けは頻繁に作る一品。切り身はもちろん、アラなどを使うことも。魚と一緒に根菜を炊き合わせるとおいしいですよ。このときは寒ブリと里芋を一緒に煮ました。ちなみに里芋と大根は下処理に一手間かかるので、手軽に炊きたいなら根菜はごぼうがおすすめ。

ロール春キャベツ

ロールキャベツは娘たちが好きなメニュー。甘くてみずみずしい春キャベツが出回る時期は、必ず作りますね。最近はキャベツを爪楊枝で留めずに巻き込む包み方にするか、キャベツの間に肉だねを挟み込むスタイルが多め。味つけはコンソメで。

PART5

大家族だからこそ、ハレの日は賑やかパーティー！

家族のお祝い事はどんなに忙しくても、家族全員で食卓を囲むのが谷原家のルールです。
誕生日や七五三、学校の入学＆卒業などの節目、クリスマス、お正月、ひな祭り、節句など、
ハレの日は家族揃って自宅で楽しく！　いつものごはんは毎食、好きなものだけというわ
けにいかず、栄養バランスも考慮していますが、ハレの日は主役の大好物だけを作るのが
お約束です。その結果、お寿司またはピザになる率が高めなんですよ。

Shosuke's Report

DAY 01

ひな祭りは毎年ちらし寿司を

僕が酢飯と具材を用意したら、女子メンバーが好きに盛り付け。このときの具はタイ、茹でた筍、菜の花のおひたし、甘酢れんこんなど。

DAY 02

アレンジちらし寿司も登場！

この日は鮭の親子ちらし。ほぐした焼き鮭、イクラ、錦糸卵、酢れんこんなどをトッピング。イクラ嫌いな子どもには不評でした……。

DAY 03

土用の丑(うし)の日は鰻を具に

一口大に切った鰻の蒲焼きと厚焼き卵を使ったちらし寿司。鰻丼も良いですが、ちらし寿司にすると雰囲気が変わって、これも良き！

寿司桶のまま
テーブルに出すと
歓声が上がります！

DAY 04

手軽に食べられる手毬寿司も好評

5月の節句には手毬寿司。この日はマグロ、サーモン、甘海老、ブリ、タイなどのネタを使って。手巻き寿司とは違う楽しさがあります！

あの手この手で
お寿司を
楽しんでいます！

我が家では家族の誕生日に手巻き寿司、ひな祭りや節句にちらし寿司など、"お寿司"を作ることが多め。ちなみに僕は一生ものの調理道具を集めるのが好きなんですが、職人さんが手作業で作った大きな寿司桶もバッチリ購入済み。今後もずっとお世話になります！

DAY 05

握り寿司だって
手作りで楽しみます！

子どもたちが特に大盛り上がりしてくれるのが握り寿司。購入したシャリマシーンの力をかりて、各々好きなネタをのせます。大家族なので、マグロだけでも1kg以上は用意。

"丸い茶色"は とにかく 大量生産!

コロッケやたこ焼きなど、丸くて茶色の食べ物はなんでこんなにおいしいの? そんなメニューも、大家族の我が家は大量に作ります。コロッケは想像以上に手間がかかるので、最近はもっぱら精肉店のコロッケに頼り中(笑)。またそのうち、リクエストが入ったら作ります!

DAY 01

個性豊かなコロッケ&メンチ

揚げたてを味わえるのが醍醐味の手作りコロッケ&メンチカツ。子どもに手伝ってもらうので、形はバラバラですが、そこがいい(笑)。

DAY 02

大量に揚げても残らず完売の唐揚げ

いつものごはんもハレの日も人気の唐揚げ。今までいろいろな作り方を試し、今のスタイルに。使用する鶏肉の量は1.2〜1.5kg!

DAY 03

タコ焼きは本当に奥が深い!

タコをウインナーにしたり、チーズ、トマト、バジルでマルゲリータ風にするなども。大きなプレートですが、何回転もします(笑)。

DAY 01

みんなが満足できるお弁当が理想！

小学生組の子どもたちの運動会弁当は、おにぎり＆サンドイッチを用意し、ごはん好きもパン好きも喜ぶように。これに素麺もプラスします。

お弁当は
おにぎり＆
サンドイッチの
Ｗ派！

普段のお弁当は奥さんが担当ですが、子どもたちの運動会のお弁当などは僕が担当することも。子どもが多いと、ごはん好きとパン好きに分かれがちなので、おにぎり＆サンドイッチの両方を作ることもザラです。おにぎりは塩むすびや塩昆布を混ぜたもの、鮭、梅干しを具にすることが多め。

DAY 02

サラダや
フルーツも添えて
健康面も気遣います

サンドイッチは定番で決まり！

遠足弁当のサンドイッチは卵、ツナ、ハム＆レタスなどのおなじみフィリングがウケ良しです。卵はつぶしたものと焼いたものの2Ver.で。

ピザは子どもたちと一緒に作ると楽しいんです！

ハレの日の食事に手巻き寿司の次によく登場するのが"ピザ"。僕が生地を作ったあとは、子どもたちにバトンタッチ。生地の伸ばし方次第で、大きかったり、小さかったり、いろんなサイズのピザが完成。生地には1人100gの強力粉を使うので、毎回大量の粉を消費します。

DAY 01

コーンマヨは子どもたちにヒット

永遠不滅で子どもが大好きなコーンマヨ！　我が家は玉ねぎやベーコンで、シャキシャキ食感や旨味も演出します。チーズは惜しまず、たっぷり。

DAY 02

昔懐かしい喫茶店風の王道ピザも

トマトソースにコーンやピーマン、スパム、チーズの組み合わせ。それぞれおもむくままに作っていますが、個性が出て面白いです。

DAY 03

愛情たっぷりのギフトピザも

お祝いの日は1人1枚ずつピザを作ります。おじいちゃんっ子の三女はいつも「ジジにあげるんだ〜」と言いながら作っています。

DAY 01

高級なカニはお正月のお楽しみ

お正月は手作りのお節に加え、豊洲市場で買ったマグロのお刺身やイクラ、そして立派なタラバガニも用意して。蟹は出刃包丁でさばきます!

出刃包丁があれば、
カニをはじめ、
魚をさばくのに便利!

DAY 02

お頭付きなら一気にゴージャス

アクアパッツァは見栄えが良いのに、意外と簡単に作れるので、ハレの日に最適。残ったスープはリゾットやパスタに活用できるからお得です。

特別な日には豪快&ゴージャスにやったります!

おうちごはんを家族に飽きずに楽しんでもらうには、メリハリが大切。いつもごはんは茶色の地味おかずが多くても、お正月などは特別な食材を使ったり、豪華な見た目を意識します。アクアパッツァはハレの日ならぜひ、お頭付きの魚を丸ごと使ってお鍋やフライパンでドーンと食卓へ。

87

"まるでお店"な 焼き鳥パーティーも 好評です!

今一番ハマっているのが"焼き鳥"。鶏の もも肉、軟骨、砂肝、せせりなど、好き な部位を買ってきて、自分で串打ちをし ます。串打ちが下手でも、とてもジュー シーに仕上がって、ものすごくおいしい です! 天気が良い日に、庭でお酒を飲 みながら焼いているのが最高に幸せ。

DAY
01

じっくり焼いて肉汁たっぷりに!

この日は家族と一緒におうちの中で焼き鳥パー ティー。噛んだ瞬間にあふれる肉汁と香ばしさ は、炭を使った七輪を使ってこそですね。

DAY
02

大ぶりサイズで食べ応えを演出

庭でバーベキューグリルを使い、焼き鳥を楽し んだ日。このときももちろん、自分でつくね串 や豚ブロック串などを仕込みました。

香ばしい匂いに 家族が集まって きます!

DAY 01

高く積む子もいれば、
二段で終了の子も。
個性が出ますね！

パンケーキを何枚も重ねて完成！

大量に焼いたパンケーキに生クリームといちごを
重ねて作る、子どもの特製ケーキ。多少不格好
でも、家族にとっては最高の一品なんですよね！

DAY 02

リクエスト制で
ケーキも
手作りしますよ！

イベントごとでは親子で一緒にケーキを手
作りすることも。正直、お菓子作りは計
量に手間がかかるうえに作業が繊細なの
で、自分から進んではしませんが、子ども
が「やりたい！」と言ったら、たいていは
二つ返事で「OK」。生地やクリームの準
備をしたら、あとは子どもたちに任せます。

クリスマスケーキにもトライを

ブッシュドノエルは子どもと一緒に作りましたが、
これは見た目より簡単なんです。市販のお菓子
でトッピングするのも楽しいですよ。

「肉のハナマサ LOVE です」

子どもたちが
大好きなんです

にんにく本来の
風味を感じます

生のしょうがとは
違った魅力が

韓国海苔のふりかけ
肉のハナマサ

手を汚さずに使えるフレーク状のふりか
けタイプは、ごはんとの相性の良さはも
ちろん、和え麺やサラダのトッピングと
しても大活躍。60g 322円（税込）
http://www.hanamasa.co.jp/

おろしにんにく
プロ仕様（肉のハナマサ）

ヘビーユーズ調味料は業務用の大容量サイ
ズをストックするのが谷原家のルール。炒め
もの、煮物、手作りソースなど、本書のレシ
ピにも代用可能です。330g 700円（税
込）http://www.hanamasa.co.jp/

おろし生姜
プロ仕様（肉のハナマサ）

肉、魚料理には特に欠かせない風味豊
かなおろし生姜は、にんにくとセットで
冷蔵庫に常備しておくのがおすすめです。
350g 700円（税込）　http://www.
hanamasa.co.jp/

ピザなどに
マストです！

ケチらず使える
大容量が好き！

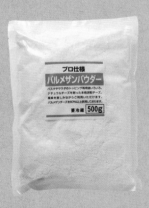

モッツアレラシュレッドチーズ
プロ仕様（肉のハナマサ）

チーズ独特のクセが苦手という方にも食べやすいのが
モッツアレラチーズのいいところ。伸びもいいのであ
らゆる加熱料理におすすめ。700g 1383円（税込）
http://www.hanamasa.co.jp/

パルメザンパウダー
プロ仕様（肉のハナマサ）

本書の「ナポリタン」をはじめ、オーブン料理にも欠か
せないパウダータイプのチーズは、サラダやフライの
アクセント使いにももってこい。500g 2139円（税込）
http://www.hanamasa.co.jp/

欠かせない相棒とも呼ぶべき料理のおともをご紹介します。
消費ペースがとにかく早いので常にストック！が基本です。

※商品の価格は2023年4月現在のものです。

「中華には欠かせません」

小麦の旨さが
あふれています

厚めで食べ応え
がバツグン！

焼きそば 二度蒸し（黒色）
タチバナ製麺所

本書の「ニラ海苔ささみの油そば」に使用した麺がこち
ら。東京都台東区の老舗製麺所で手間暇かけて作られ
た二度蒸し麺は、弾力があって食べ応えも満点。麺その
ものが味わい深いため、あっさりとした味つけで十分美
味。各150g 80円（税込）☎03-3841-0471

餃子の皮（厚め）直径 9cm
タチバナ製麺所

本書の「ねぎ餃子」に使用。外はカリカリ、中はもっちも
ちという理想を叶えてくれる逸品。450g（40枚）300円
（税込）※前日までの予約で50円引き。 ☎03-3841-
0471

「僕の手作り」

野菜の大量消費
にはピクルス！

「友人の手作り」

香りが良くて
辛さも鮮烈！

スーパーの特売日などでまとめ買いした
季節野菜は、ピクルスにして白ワインの
おつまみにすることが多いですね。

蓋にうっすらと書いてある
「るみちゃん」（大分県在住
の友人）が手作りする、ピ
リッと辛口の柚子胡椒がた
まらなく好きなんです。

「まだまだ欠かせないアイテムはたくさんあるんです」

素材の味を
引き立てますよ

福来 純 純米料理酒
白扇酒造

昔ながらの製法にこだわる岐阜県の蔵元が手作りする料理酒は、酵母が作り出す自然のアミノ酸のおかげで料理のおいしさをいっそう引き出してくれる。純米酒なのでお酒としてももちろんおいしい。1.8ℓ 1815円（税込）http://www.hakusenshuzou.jp

子どもたちが一番
好きなお酢です

古来上寿しの酢
丸正酢醸造元

大きなスギ桶でつくられる米酢は、即席醸造では醸せない芳醇な香りと味わいが特徴。天然利尻根昆布やみりんとのブレンドで、寿司めし以外にもドレッシングや酢の物など幅広く使える。700mℓ 1728円（税込） https://www.marusho-vinegar.jp/

夏は薄めて、
そうめんつゆに

特選料亭白だし 四季の彩
七福醸造

もともとは料亭の茶碗蒸し用として、日本で最初に開発された白だし。白しょうゆをベースとした美しい琥珀色のだしは、汁物にはもちろん、浸透圧が高いので食材の下味調味料としても大活躍。360mℓ 810円（税込）https://www.7fukuj.co.jp/

クセがなく、
旨味たっぷり！

純正醤油 こいくち
丸島醤油

約400年という醤油づくりの伝統がある、瀬戸内海・小豆島で、丸大豆・麦・塩の3つの原材料のみで作られたしょうゆ。「こいくち」はバランスがとれた万能タイプなので、刺身や煮物とも好相性。900mℓ 783円（税込）https://www.marusima.co.jp

酢の物に使うと
優しい味わいに

ヤマニ米酢
山二造酢

じっくり発酵、ゆっくり熟成させた米酢は、口当たりまろやかで酸味の角が取れたやさしい味わい。酸味が苦手な子どもでも食べやすいのがポイント。中華やマリネ、酢の物にもおすすめ。900mℓ 550円（税込）https://www.yamani-vinegar.com/

甘めの味わいで
子どもが大好き

めんみ
キッコーマン

かつお、煮干、昆布、さば、ほたて。5種類もの素材から贅沢にとっただしで作られているため、風味の良さが段違い。濃いめで甘辛の味は、あらゆる和風料理に最適。5倍濃縮、北海道限定販売。1ℓ 807円（税込）https://www.kikkoman.co.jp

ミートソースなどの
隠し味にも絶好

お好みソース
オタフクソース

ご家庭でもおなじみのソースの最大の特徴は、原材料に含まれる「デーツ」によるコクのある甘さ。とろみがあり濃厚で口当たりも抜群なため、お好み焼きの他にも揚げもの全般との相性もバッチリ。500g 421円（税込）　https://www.otafuku.co.jp/

毎回、大粒を1.5kg
買っています！

梅ぼし田舎漬
中田食品

柔らかな果肉が特徴の紀州産南高梅を使用。鰹節のまろやかな旨味がバランスよく加わり、ごはんのおともとしてだけでなく、本書の「梅の和えもの」のように調味料使いもできる梅ぼし。1kg（大粒）3510円（税込）　http://nakatafoods.jp/

水につけておけば
絶品だしが完成

羅臼昆布（天然）
黒走2等
四十物昆布

本書の「みぞれ豚しゃぶ」に使用。"昆布の王様"とも呼ばれるコクのある天然の羅臼昆布は、お鍋のようなだしが主役の料理にはもちろん、そのまま食べても最高のおつまみに。200g 3240円（税込）https://www.aimono.com/

洋風料理にも
活躍しますよ

ガラスープ
ユウキ食品

ガラスープの代表選手といえばスーパーでもおなじみのこちら。チキンエキスをベースに野菜や香辛料をブレンド。中華だけでなく、和食にもマッチするコクと旨味で、使い勝手は無限大。130g 513円（税込）　https://garasoup.youki.co.jp

好きすぎて
消費量がスゴイ！

ぽん酢しょうゆ
旭食品

料亭を思わせる、徳島県産のすだち、ゆこう、ゆずといった天然果汁の豊かな香りがアクセント。鍋や餃子はもちろん、こってり系の肉料理にもマッチするため一年中常備しておきたい。360ml 702円（税込）http://www.asahi-syokuhin.co.jp/

ミネラル豊富で
旨味が強い！

粟国の塩（釜炊）
沖縄海塩研究所

沖縄県粟国島の海水を100%使用。20年の研究の末に誕生したという塩は、究極のまろやかな味わいで、素材本来の旨味をグッと引き出したいときの強い味方になってくれる。250g 864円（税込）　https://www.okinawa-mineral.com/

あとがき

この度は、僕の初めての料理本を手に取っていただき
ありがとうございます。僕にとって料理は、心が整う
時間。献立を決めて買い物。家に帰って仕込みを
して調理。目の前のことだけに集中して完成すると
いつの間にか心のもやもやが晴れているのです。
普段は映画やドラマなどゴールがなかなか見えな
い作業をしているので、すぐに出来上がる料理は
僕にとってストレス発散になっているのかもしれません。
料理本なのにこんなことを書くと怒られると思います
が、料理は作らなくても良いと思ったりもします。
大事なことは、食事を楽しむ事。それに勝るものは
ありません。出前でも、スーパーのお惣菜でも、コンビニ
のおにぎりでも、大切な人とおしゃべりしながら楽
しい時間が過ごせれば、それが最高だと思い
ます。いくら手の込んだ料理が出てきても会話
のない食事なんて味気ないですよね。
無理して料理する必要なんてありません。でももし
余裕があれば、誰かのために料理を作ること、
そして作ってもらえることは、とても贅沢なことです。
この本には家族のために作った料理を備忘録
的に撮り溜めていたものも使われています。
改めて見返すと、我ながら下手だなと思うものもあり
ますが、お見逃しくださいませ。
この本の料理で、楽しい時間を過ごしていただけ
ますように。

谷原章介

谷原章介

1972年生まれ。神奈川県出身。1995年映画「花より男子」道明寺司役で俳優デビュー。以後ドラマ、映画、舞台、CMなど多数出演。近年は「めざまし8」「うたコン」「パネルクイズ アタック25 Next」「偉人の年収 Howmuch?」の司会やナレーション、大河ドラマ「麒麟がくる」、連続テレビ小説「半分、青い。」など幅広く活躍。また、2013年から10年以上出演中の「きょうの料理」や「谷原章介の25時ごはん」「めざまし8 テイバン＋」などで料理の腕前も披露し話題となる。

Photographs
横田裕美子 (STUDIO BANBAN)

Styling
澤田美幸

Hair&Make-up
川端富生 (OUSIA)

Food styling
しらいしやすこ

Cooking assistant
伊藤佳明 (BOB)、石田有花、雫石朝香

Design
鳥沢智沙 (sunshine bird graphic)

Interview
濱田恵理

Artist management
阿部亨、小島悠介 (ジャパン・ミュージックエンターテインメント)

Special thanks
安食行洋

Edit
辻岡直美 (マガジンハウス)

Cooperation
SLOANE、ANATOMICA、UTUWA

谷原家のいつもの晩ごはん

2023年4月20日　第1刷発行

著　者　　谷原章介
発行者　　鉄尾周一
発行所　　株式会社マガジンハウス
　　　　　〒104-8003 東京都中央区銀座 3-13-10
　　　　　書籍編集部　☎ 03-3545-7030
　　　　　受注センター　☎ 049-275-1811

印刷・製本　　株式会社光邦

©Shosuke Tanihara,2023 Printed in Japan
ISBN978-4-8387-3236-4 C0077